Golfe de Gascogne
Bordeaux
Dordogne
Toulouse
Montpellier
Marseille
Nice
Corse
Mer Méditerranée

Herausgegeben von der Langenscheidt Redaktion

Corporate Design Umschlag: KW 43 BRANDDESIGN, Düsseldorf
Umschlaggestaltung: DAS ILLUSTRAT, München, unter Verwendung von Motiven von Shutterstock.com und eugenesergeev/istockphoto
Gestaltung und Satz: Sabrina Pöckl und Pia Stiegler, Friends Media Group, Augsburg
Projektleitung: Gabriela Lindner, Sabine von Loeffelholz
Deutscher Text: Ingrid Erne
Übersetzung: Cyrielle Levignat

Alle Fotos und Abbildungen: Shutterstock.com

Druck und Bindung: Druckerei C.H.Beck, Nördlingen
ISBN: 978-3-468-23427-9
www.langenscheidt.com

18010

Alles auf einen Blick

Deine Reise – dein Abenteuer!

Einfach nur Sehenswürdigkeiten abhaken – geht gar nicht? Du willst beim Reisen lieber Leute kennenlernen und was Cooles erleben? Den Landesalltag abseits der Touri-Pfade entdecken und sprechen wie ein Franzose? Kannst du haben! Dieser Mitmach-Sprachführer liefert dir jede Menge Input, ist dein Guide und dein kreatives Workbook. Mach daraus dein einzigartiges Erinnerungsbuch!

Was noch?

Mut-Stufe

Der Mitmach-Sprachführer steckt voller Ideen für ungewöhnliche Entdeckungen und Erlebnisse. Manche Tasks sind ziemlich easy, andere eher eine Herausforderung. Die Mut-Stufe sagt dir, was auf dich zukommt – achte auf die Sternchen unten rechts:

☆ Mut-Stufe 1 – für Einsteiger und zum Warm-up:
Einfache Task – entspannt zu machen.

★★ Mut-Stufe 2 – für mittlere Helden: Yep – das schaffst du!

☆☆☆ Mut-Stufe 3 – für Gipfelstürmer: Jetzt musst du dich echt was trauen!

Mach am Schluss die Auswertung (S. 144): Welcher Mut-Typ bist du?

Mein Wort des Tages (S. 138/139)

Ein „Dauerbrenner" auf deinem Trip. Besonderes Wort gehört, lustig, nervig oder ein Zungenbrecher? Stift raus und aufschreiben!

Basics

Die wichtigsten Sätze – immer als Kapitel-Einstieg bei den Vor-Ort-Erlebnissen. Achte auf die Farben der Sprechblasen: gleiche Farbe – gleiches Thema.

Lautschrift

Hilfe – wie sprech ich das aus? Die einfache Lautschrift sagt's dir:

Lautschrift	Aussprache
ˈ	Betonungszeichen vor der betonten Silbe
‿	verbindet 2 Wörter
ã	durch die Nase gesprochenes *an*
ẽ	durch die Nase gesprochenes *en*
õ	durch die Nase gesprochenes *on*
nj	wie *gn* in Champagner
o	geschlossenes *o* wie in Moral
ɔ	offenes *o* wie in Wolle
oa	gleitendes *oa*, ähnlich wie im engl. water
ö	französisches *e* wie in bitte französisches *eu*: immer wie *ö*
ß	französisches *ç*: wie stimmloses *s* in Messe oder wie in Hast
s	stimmhaftes *s* wie in Sonne
s͜ch	weiches *sch*, wie *g* in Genie
üi	sehr geschlossenes *ü*

♂ männlich / ♀ weiblich

Pass auf: Hier musst du zwischen männlich und weiblich unterscheiden.

Und los!

Alles klar? Dann leg mal los. Steck das Workbook in die Tasche und mach dich damit auf Entdeckungstour. Achte auch auf Details. Und freu dich auf tolle Erlebnisse und spannende Begegnungen!

Vorfreude

Schau mal, das hier bin ich.

Regarde, c'est moi.

rö'gardö, ßä moa.

Und das ist unsere Katze / unser Hund ...

Et ça, c'est notre chat / notre chien ...

e ßa, ßä 'nɔtrö scha / 'nɔtrö schjẽ ...

Kleb hier ein Bild von dir ein – ein Foto von früher oder in einer lustigen Situation.

Homestory

Stell hier vor der Tour deinen persönlichen Steckbrief zusammen.

Je m'appelle ....

schö ma'päl ... // Ich heiße ...

J'ai .... **ans.**

schä ... ã. // Ich bin ... Jahre alt.

J'habite à ....

scha'bit a ... // Ich wohne in ...

Je suis ♂ né / ♀ née à ....

schö ßüi ♂/♀ ne a ... // Geboren bin ich in ...

Mes loisirs sont ....

me loa'sir ßõ ... // Meine Hobbys sind ...

Mon plat préféré est ....

mõ pla prefe're ä ... // Mein Lieblingsgericht ist ...

Je pèse .... **kilos.**

schö päs ... ki'lo. // Ich wiege ... Kilogramm.

Je gagne ma vie comme ....

schö ga'njö ma wi kɔm ... // Mein Geld verdiene ich als ...

Er / Sie heißt ...

Il / Elle s'appelle ...

il / äl ßa'päl ...

Ich lebe mit ... zusammen.

Je vis avec ...

schö wi a'wäk ...

Kleb hier Fotos deiner Lieben ein – mit allem was dazugehört. So kannst du anschaulich von dir und deinen Lieben berichten.

Das ist meine Frau / mein Mann.

Là, c'est mon mari / ma femme.

la, ßä mõ ma'ri / ma fam.

Das ist mein(e) Mitbewohner(in).

Là, c'est mon / ma coloc.

la, ßä mõ/ma kɔ'lɔk.

Das ist mein Freund / meine Freundin.

Là, c'est mon copain / ma copine.

la, ßä mõ kɔ'pẽ / ma kɔ'pin.

Unsere Kinder heißen ...

Nos enfants s'appellent ...

nos_ã'fã ßa'päl ...

Platz für ein weiteres Bild deiner Familie

Vater // **le père** // lö pär
Mutter // **la mère** // la mär
Bruder // **le frère** // lö frär
Schwester // **la sœur** // la ßör
Sohn // **le fils** // lö fiß
Tochter // **la fille** // la fij

Und neben mir, das ist ...

Et à côté de moi, c'est ...

e a ko'te dö moa, ßä ...

Heimatgefühle

Kleb eine Ansichtskarte deiner Stadt oder deiner Heimat ein und erzähl, was darauf zu sehen ist. Am besten die Karte nur oben mit Klebstreifen befestigen, dann kannst du drunter in der Wortliste spicken!

Das ist meine Stadt / Heimat. // **Ça, c'est ma ville / l'endroit d'où je viens.** ßa, ßä ma wil / lã'droa du schö wjẽ.

Da gibt's einiges zu sehen, zum Beispiel ... //
Y a pas mal de choses à voir, par exemple ...
ja pa mal dö schos a woar, par äg'sãplö ...

Das hier ist der / die ... // **Ça, c'est le / la ...** ßa, ßä lö / la ...

Besonders gerne mag ich an meiner Stadt ... //
Ce que je préfère dans ma ville, c'est ...
ßö kö schö pre'fär dã ma wil, ßä ...

SpickZETTEL

Rathaus // **la mairie** // la mä'ri
Theater // **le théâtre** // lö te'atrö
Marktplatz // **la place du marché** // la plaß dü mar'sche
Dom / Kirche // **la cathédrale / l'église** // la kate'dral / le'glis
Brunnen // **la fontaine** // la fõ'tän
Fußgängerzone // **la zone piétonne** // la son pje'tɔn

Vergiss

Wer soll Post bekommen?

Hier ist Platz für Adressen deiner Lieben:

Name: ____________________ ____________________

Straße: ____________________ ____________________

PLZ/Stadt: ____________________ ____________________

Name: ____________________ ____________________

Straße: ____________________ ____________________

PLZ/Stadt: ____________________ ____________________

Name: ____________________ ____________________

Straße: ____________________ ____________________

PLZ/Stadt: ____________________ ____________________

Name: ____________________ ____________________

Straße: ____________________ ____________________

PLZ/Stadt: ____________________ ____________________

meinnicht

Ein paar Grußformeln,
mit denen du glänzen kannst:

Bons baisers de France ! //
Liebe Grüße aus Frankreich!

Gros bisous ! //
Viele Grüße!

Bises de France ! //
Liebe Grüße aus Frankreich!

Bises ! A bientôt ! //
Liebe Grüße! Bis bald!

Smalltalk – schaffst du locker!

Könnten Sie bitte etwas langsamer sprechen?
Pourriez-vous parler un peu plus lentement, s'il vous plaît ?
purje'wu par'le ẽ pö plü lãt'mã, ßil wu plä?

Ich habe das nicht verstanden.
Je n'ai pas compris.
schö nä pa kõ'pri.

Vielen Dank für den netten ×
Merci pour cette charmante ×
mär'ßi pur ßät schar'mãt ×

× Abend. / Tag.
× soirée. / journée.
× ßoare. / schur'ne.

Guten Tag!
Bonjour !
bõ'schur!

Guten Abend!
Bonsoir !
bõ'ßoar!

Gute Nacht!
Bonne nuit !
bɔn nüi!

Hallo!
Salut !
ßa'lü!

Tschüss!
Salut !
ßa'lü!

Schönen Tag noch!
Bonne journée !
bɔn schur'ne!

Was machen Sie / machst du beruflich?
Qu'est-ce que vous faites / tu fais dans la vie?
käß_kö wu fät / tü fä dã la wi?

Schön, Sie kennengelernt zu haben.
♂ Enchanté / ♀ Enchantée d'avoir fait votre connaissance.
♂ / ♀ ãschã'te da'woar fä 'wɔtrö kɔnä'ßãß.

Sind Sie / Bist du verheiratet?
Êtes-vous / Es-tu marié ?
ät'wu / ä'tü ma'rje?

Ich bin × / **Je suis ×** / schö ßüi ×

× ledig. / verheiratet. / geschieden.
× célibataire. / marié. / divorcé.
× ßeliba'tär. / ma'rje. / diwɔr'ße.

Wie heißen Sie? / heißt du?
Comment vous appelez-vous ? / tu t'appelles ?
kɔ'mã wus‿aple'wu? / tü ta'päl?

Wie alt sind Sie? / bist du?
Quel âge avez-vous? / as-tu ?
käl asch awe'wu? / a'tü?

Treffen wir uns ×
Si on se voyait ×
ßi õ ßö woa'jä ×

× heute Abend? / **× ce soir ?** / × ßö ßoar?
× morgen? / **× demain ?** / × dö'mẽ?

Ich möchte Sie / dich einladen.
Je voudrais vous inviter. / t'inviter.
schö wu'drä wus‿ẽwi'te. / tẽwi'te.

Wann treffen wir uns?
On se donne rendez-vous à quelle heure ?
õ ßö dɔn rãde'wu a käl‿ör?

Treffen wir uns doch um ... Uhr.
Disons qu'on se rencontre à ... heures.
di'sõ kõ ßö rã'kõtr‿a ... ör.

Bis bald! / Bis morgen!
A bientôt ! / A demain !
a bjẽ'to! / a dö'mẽ!

Basics – Smalltalk schaffst du locker!

Wie ist Ihre × / **Quel est votre ×** / käl‿ä 'wɔtrö ×?

× Handynummer? / E-Mail-Adresse?
× numéro de portable ? / adresse mail ?
× nüme'ro dö pɔr'tablö? / a'dräß mäil?

Sehen wir uns noch einmal?
On va se revoir ?
õ wa ßö rö'woar?

Sag doch mal Hallo!

„Geh ins Szene-Café oder in die Kneipe – welche Begrüßungsfloskeln hörst du?"

Coucou !
ku'ku!
Hi/Hallo

Salut la compagnie !
ßa'lü la kõpa'ni!
Hallo in die Runde!

Salut mec ! Ça se passe ?
ßa'lü mäk! ßa ßö paß?
Hallo Alter! Was geht?*
*nur unter jungen Männern üblich

Salut ma belle !
ßa'lü ma bäl!
Hallo Hübsche!*
*unter Frauen oder von Mann zu Frau

Salut, ça va ?
ßa'lü, ßa wa?
Hallo, alles klar?

Salut ma puce !
ßa'lü ma püß!
Hallo Süße!*
*unter jungen Frauen

Salut tout le monde !
ßa'lü tul'mõd
Hallo allerseits

Hörst du noch andere Begrüßungen?

....

....

....

....

....

Bisous, bisous ?*

Wenn man befreundet ist und
unter jüngeren Leuten immer:
Ein Küsschen links und rechts muss sein
und je nach Gegend manchmal
auch noch ein weiteres.
Lass dich drauf ein, wenn du nicht
als kühl und steif gelten willst!
Nur Männer untereinander
geben sich die Hand.

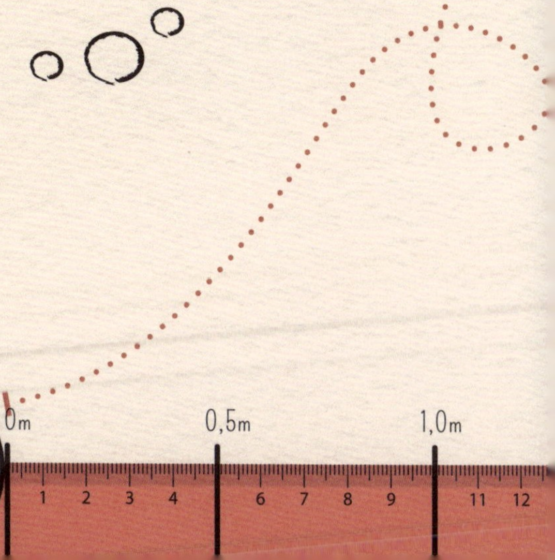

Schau genau hin. Wie begrüßen sich die Leute hier?

Schreib auf, was du siehst:

Kumpels ....

....

Freundinnen ....

....

Geschäftspartner ....

....

Turteltäubchen ....

....

(Ehe-)Paare ....

....

....

* Küsschen, Küsschen?

Wie viel Abstand halten sie?

Schätz mal!

1,5m 2,0m 2,5m

16 17 18 19 21 22 23 24 26 27 28

Komplimente liebt jeder

Nettigkeiten auszutauschen fördert nicht nur den Flirt-Faktor. Komplimente sind in jeder Situation ein Türöffner. Zum Beispiel:

»» OHNE «« BRILLE?*
Sans lunettes ?
ßã lü'nät?

MIT* BRILLE?
Avec lunettes ?
a'wäk lü'nät?

*Brille absetzen | *Brille aufsetzen

BIN ICH SEXYER >> MIT oder ohne Brille? <<
Ich hätte sehr gerne deine MEINUNG → DAZU.

Je suis plus sexy avec ou sans lunettes ?
J'aimerais beaucoup avoir ton avis.

schö ßüi plü ßäk'si a'wäk u ßã lü'nät? schäm'rä bo'ku a'woar tõn_a'wi.

Weiter geht's auf der nächsten Seite

ICH *liebe*, WAS DU ANHAST.
Mein Blick fällt immer wieder auf dich.

J'adore ce que tu portes.
Je n'arrive pas à te quitter des yeux.

scha'dɔr ßö kö tü pɔrt. schö na'riw pa a tö ki'te des_jö.

Ausprobiert?
Was war die Antwort?

....

....

....

....

Ich muss es loswerden.
Du hast ein umwerfendes LÄCHELN.

Je voudrais juste te dire que tu as un sourire à faire tomber par terre.

schö wu'drä schüßt tö dir kö tü a ẽ ßu'rir a fär tô'be par tär.

Ich habe mich gerade gefragt ...
WAS MUSS EIN TYP MACHEN, um dich besser kennenzulernen?

Je me posais une question ... Que doit faire un mec pour te connaître mieux ?

schö mö po'sä ün käß'tjõ ... kö doa fär ẽ mäk pur tö kɔ'nätrö mjö?

Entschuldige, magst DU hier unten unterschreiben. Das ist mein Brief an den Weihnachtsmann. Ich habe endlich mein GESCHENK gefunden.

Excuse-moi, tu veux bien signer en bas ici. C'est ma lettre au Père Noël. J'ai enfin trouvé mon cadeau.

äkßküs'moa, tü wö bjẽ ßi'nje ã ba i'ßi? ßä ma 'lätrö o pär nɔ'äl. schä ã'fẽ tru'we mõ ka'do.

Hum... da läuft was schief mit meinem Telefon... ACH! Deine Nummer ist nicht drin gespeichert.

Mince, il y a un truc qui cloche avec mon téléphone. Il manque ton numéro dedans.

mẽß, il_ja ẽ trük ki klɔsch a'wäk mõ tele'fɔn. il mãk tõ nüme'ro dö'dã.

Entschuldige,* heißt du nicht KNÄCKEBROT? Du bist echt knackig.

....

....

....

....

....

Excuse-moi, tu ne t'appelles pas biscotte ? Parce que t'es vraiment craquante.

äkßküs'moa, tü nö ta'päl pa biß'kɔt? 'parßkö tä wrä'mã kra'kãt.

* Der Witz funktioniert nur auf Französisch, weil biscotte süß klingt und als Eigenname verwendet werden könnte.

Ça te plaît ?

Gefällt es dir?

Stolz aufs eigene Land – wer ist das nicht? Was antwortest du, wenn dich jemand fragt, wie's dir hier gefällt?

> Ich find's großartig! Tolle Läden, gute Kneipen und super Wetter, wenn man die richtigen Klamotten hat!

J'adore ! De super boutiques, de bons bars et un temps idéal … quand on a les vêtements qu'il faut !

scha'dɔr! dö ßü'pär bu'tik, dö bõ bar e ẽ tã ide'al …
kãt‿õn‿a le wät'mã kil fo!

Ich liebe alles an diesem Land / dieser Stadt – vor allem aber die netten Leute!

J'adore ce pays / cette ville – surtout ces habitants. Ils sont très sympa !

scha'dɔr ßö pä'i / ßät wil – ßür'tu ses‿abi'tã. il ßõ trä ßẽ'pa!

Coole Stadt – wollen Sie mich nicht heiraten, damit ich hierbleiben kann?

Une ville très cool – vous voulez pas m'épouser pour que je reste ?

ün wil trä kul – wu wu'le pa mepu'se 'purkö schö 'räßtö?

Ich fühle mich, als hätte ich schon immer hier gelebt.

J'ai l'impression d'avoir toujours vécu ici.

schä lẽprä'ßjõ da'woar tu'schur we'kü i'ßi.

WETTER
geht immer!

Komm ins Gespräch – beim Bäcker, an der Haltestelle, beim Frisör … Smalltalk schaffst du locker!

Quelle horreur, ce temps !

käl‿ɔ'rör, ßö tã!

Scheußlich heute, was?

Fait pas chaud dehors.

fä pa scho dö'ɔr.

Bisschen kalt draußen.

Il fait vraiment beau aujourd'hui !

il fä wrä'mã bo oschur'düi!

Super Tag heute!

Quel temps pourri !

käl tã pu'ri!

Scheußlich heute, was?

Quelle chaleur aujourd'hui !

käl scha'lör‿oschur'düi!

Ist das eine Hitze heute!

Mit Wetter-Sprüchen kann man auch noch ganz andere Dinge ausdrücken. Verblüff dein Gegenüber und bring mal eine treffende Metapher an:

Wörtlich: Weihnachten auf dem Balkon, Ostern am Ofen.

Noël au balcon, Pâques au tison.

nɔ'äl o bal'kõ, pak o ti'sõ.

Bedeutet: grüne Weihnachten, weiße Ostern

Wörtlich: Den Regen und das gute Wetter machen.

Faire la pluie et le beau temps.

fär la plüi e lö bo tã.

Bedeutet: Das sagt man von einer Person, die über alles entscheidet, die allmächtig ist, die also auch fürs Wetter zuständig ist.

Heiter bis wolkig

Das liebe Wetter – am besten nehmen, wie's kommt! Hier noch ein bisschen Futter für deinen Wetter-Smalltalk. Verstehst du auch den Wetterbericht in Zeitung, Radio, TV?

Es wird Regen geben.
Il va y avoir de la pluie.
il wa j‿a'woar dö la plüi.

Es wird ein Gewitter geben.
Il va y avoir un orage.
il wa j‿a'woar ẽn‿ɔ'rasch.

Was sagt der Wetterbericht?
Que dit la météo ?
kö di la mete'o?

Wie wird das Wetter morgen?
Quel temps va-t-il faire demain ?
käl tã watil fär dö'mẽ?

bewölkt // **nuageux** // nüa'schö
Blitz // **l'éclair** // le'klär
Donner // **le tonnerre** // lö tɔ'när
es friert // **il gèle** // il schäl
Glatteis // **le verglas** // lö wär'gla
heiter // **beau** // bo
Hitze // **canicule** // la kani'cül
klar // **clair** // klär
kühl // **frais** // frä
nass // **pluvieux** // plü'vjö
Nebel // **le brouillard** // lö bru'jar
Regenschauer // **l'averse** // la'wärß

Die Sonne scheint.
Le soleil brille.
lö ßɔ'läj brij.

Schnee // **la neige** // la näsch
sonnig // **ensoleillé** // ãßɔlä'je
stürmisch // **orageux** // ɔra'schö
es taut // **il dégèle** // il de'schäl
Wind // **le vent** // lö wã
Wolke // **le nuage** // lö nü'asch

Wie viel Grad haben wir?
Il fait combien de degrés ?
il fä kõ'bjẽ dö dö'gre?

Es sind ... Grad (unter null).
Il fait ... degrés (au-dessous de zéro).
il fä ... dö'gre (o dö'ßu dö se'ro).

Es wird ×
Il va faire ×
il wa fär ×

× heiß. // **très chaud.** // trä scho.
× kalt. // **froid.** // froa.
× schlecht. // **mauvais.** // mo'wä.
× schön. // **beau.** // bo.
× schwül. // **lourd.** // lur.
× warm. // **chaud.** // scho.

zzz

Rund
ums
Quartier

Haben Sie ein Doppelzimmer frei?

Auriez-vous une chambre pour deux personnes ?

orje'wu ün 'schãbrö pur dö pär'ßɔn?

Wie viel kostet es (mit Frühstück)?

Combien ça coûte (avec le petit déjeuner) ?

kõ'bjẽ ßa kut (a'wäk lö pö'ti deschö'ne)?

Kann ich mein Gepäck noch bis ... Uhr hierlassen?

Est-ce que je peux encore laisser mes bagages ici jusqu'à ... heures ?

äß_kö schö pö ã'kɔr lä'ße me ba'gasch i'ßi schüßka ... ör?

Wo können wir das Auto abstellen?

Où pouvons-nous garer la voiture ?

u puwõ'nu ga're la woa'tür?

Machen Sie bitte die Rechnung fertig.

Pourriez-vous nous préparer la note, s'il vous plaît ?

purje'wu nu prepa're la nɔt, ßil wu plä?

Es war sehr schön hier.

Nous avons passé un séjour très agréable.

nus_a'wõ pa'ße ẽ ße'schur träs_agre'ablö.

Wecken Sie mich bitte (morgen) um ... Uhr.

Pourriez-vous me réveiller (demain) à ... heures, s'il vous plaît ?

purje'wu mö rewä'je (dö'mẽ) a ... ör, ßil wu plä?

Wir reisen morgen ab.

Nous partons demain.

nu par'tõ dö'mẽ.

Rufen Sie bitte ein Taxi.

Pourriez-vous m'appeler un taxi, s'il vous plaît ?

purje'wu ma'ple ẽ ta'kßi, ßil wu plä?

Basics – Rund ums Quartier

Könnten Sie uns bitte erklären, wie × funktioniert?

Pourriez-vous nous expliquer comment fonctionne ×, s'il vous plaît ?

purje'wu nus‿äkßpli'ke kɔ'mã fõk'ßjɔn ×, ßil wu plä?

× die Spülmaschine / der Herd

× le lave-vaisselle / la cuisinière

× lö law wä'ßäl / la küisi'njär

× die Waschmaschine

× la machine à laver

× la ma'schin‿a la'we

Wo ist der Sicherungskasten?

Où se trouvent les fusibles ?

u ßö truw le fü'siblö?

Wohin kommt der Müll?

Où devons-nous déposer les poubelles ?

u döwõ'nu depo'se le pu'bäl?

Könnten wir bitte noch zusätzliche × bekommen?

Pourrions-nous avoir × en plus ?

purjõ'nu a'woar × ã plüß?

× Bettwäsche / Geschirrtücher

× des draps / des torchons

× de dra / de tɔr'schõ

Wo ist × ? **Vous savez où il y a × ?**

wu ßa'we u il‿ja × ?

× die nächste Bushaltestelle

× l'arrêt de bus le plus proche

× la'rä dö büß lö plü prɔsch

× ein Lebensmittelgeschäft / eine Bäckerei

× une épicerie / une boulangerie

× ün‿epiß'ri / ün bulãsch'ri

Hallo Rezeption!

Wie läuft's im Hotel? Was ist los in der Stadt?
Die Hotelrezeption ist dein schnellster Info-Kanal. Frag nach:

Wann gibt es Frühstück?
Le petit-déjeuner est à quelle heure ?
lö pö'ti dejö'ne ät_a käl_ör?

Kann ich Fahrkarten für Bus / U-Bahn bei Ihnen kaufen?
Vous vendez aussi des tickets de bus / métro ?
wu wä'de o'ßi de ti'kä dö büß/me'tro?

Kann ich am Abreisetag meinen Koffer noch bis zum Abend bei Ihnen deponieren?
Je pourrais laisser mon bagage le dernier jour et le récupérer le soir ?
schö pu'rä lä'ße mõ ba'gasch lö där'nje schur e lö reküpe're lö ßoar?

Gibt es hier in den nächsten Tagen
besondere Feste oder Veranstaltungen?
Vous savez s'il y a des fêtes ou manifestations ces prochains jours ?
wu ßa'we ßil_ja de fät u manifäßta'ßjõ ße prɔ'schẽ schur?

Gibt es in der Nähe eine nette Bar / Kneipe für junge Leute?
Il y a un bar sympa dans le coin pour les jeunes ?
il_ja ẽ bar ßẽ'pa dã lö koẽ pur le schön?

Wann ist Markttag?
Oder gibt es eine Markthalle, die täglich geöffnet hat?
C'est quel jour le marché ?
Ou il y a des halles qui sont ouvertes tous les jours ?
ßä käl schur lö mar'sche?
u il_ja de al ki ßõt_u'wärt tu le schur?

Wo kann man denn hier gut essen gehen?
Vous avez des adresses de bons restaurants ?
wus_a'we des_a'dräß dö bõ räßto'rã?

Mal kurz die Lage checken

Angekommen?

Dein Heim auf Zeit will entdeckt werden: Verschaff dir einen ersten Überblick über das Viertel, in dem du wohnst.

Zeichne hier eine Skizze deiner Umgebung und trag die wichtigsten Stationen ein:

- deine Unterkunft
- Park
- Brasserie
- Kneipe
- den Weg zur U-Bahn
- Supermarkt
- ....
- ....

Alles da, was du brauchst?

Kauf dir Klebezettel im Schreibwarengeschäft oder im Supermarkt, beschrifte sie mit unseren Vorschlägen – und schau doch mal, was du in Hotelzimmer, Hostel, Airbnb etc. alles vorfindest. Zettel drankleben, Wort merken, fertig!

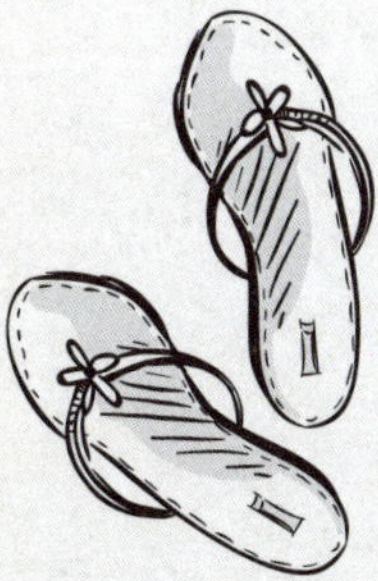

les sandales de douche
le ßã'dal dö dusch
Badeschlappen

le radio-réveil
lö ra'djo re'wäj

Radiowecker

la tringle
la 'trẽglö
Vorhangstange

la bouilloire
la bu'joar
Wasserkocher

l'écran plat
le'krã pla
Flachbildschirm

le valet de nuit
lö wa'lä dö nüi
Hosenbügler

la couverture douillette
la kuwär'tür du'jät
Kuscheldecke

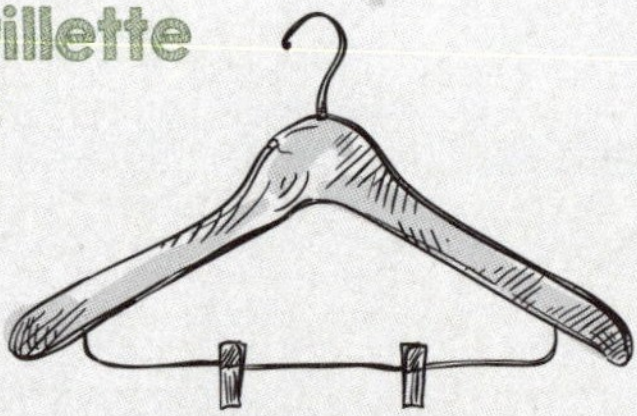

Jetzt bist du dran. Male selbst!

le cintre
lö 'ßẽtrö
Kleiderbügel

la peluche
la pö'lüsch
Plüschtier

le sèche-cheveux
lö säsch_schö'wö
Föhn

la télécommande
la telekɔ'mãd
Fernbedienung

le bonnet de douche
lö bɔ'nä dö dusch
Duschhaube

Notier dir weitere Einrichtungsgegenstände auf den Klebezetteln.

la bible
la 'biblö
Bibel

Einfach mal Werbung gucken

Werbung kann einiges über ein Land verraten. Wenn du den nächsten TV-Werbeblock anschaust, dann achte mal drauf:

Gibt es landestypische Produkte, die man bei uns so nicht bekommt?

....

....

Welche Spots gefallen dir am besten? Schreib die coolsten Werbeslogans auf:

....

....

....

....

....

Zimmer mit Aussicht

Buntstifte oder Bleistift rausholen – und hier den Blick aus deinem Fenster festhalten! Beim Zeichnen fallen dir vielleicht interessante Details auf, die du sonst übersehen hättest. Kirchturm oder schönes altes Gebäude im Blickfeld? Dann schau doch mal vorbei. Könnte ein Geheimtipp sein.

2
Louvre

Souverän unterwegs

Basics – Souverän unterwegs

Können Sie mir das auf der Karte zeigen?
Vous pouvez me le montrer sur la carte, s'il vous plaît ?
wu pu'we mö lö mõ'tre ßür la kart, ßil wu plä?

Entschuldigung, wo ist ...?
Pardon, où est ... ?
par'dõ, u ä ...?

Wie komme ich nach/zu ...?
Pour aller à ... ?
pur a'le a ...?

Wo bekomme ich ein Taxi?
Où est-ce que je peux prendre un taxi ?
u äß‿kö schö pö 'prãdrö‿ẽ ta'kßi?

Wie viel kostet es nach ...?
C'est combien pour aller à ... ?
ßä kõ'bjẽ pur a'le a ...?

Welcher Bus / Welche U-Bahn fährt nach ...?
Quel bus / Quel métro va à ... ?
käl büß / käl me'tro wa a ...?

Wo hält der Bus nach ...?
Où se trouve l'arrêt du bus pour ... ?
u ßö truw la'rä dü büß pur ...?

Muss ich nach ... umsteigen?
Je dois changer après ... ?
schö doa schã'sche a'prä ...?

Wo ist × / **Où est ×** / u ä ×

× die nächste U-Bahn-Station?
× la station de métro la plus proche ?
× la ßta'ßjõ dö me'tro la plü prɔsch?

× die nächste Bushaltestelle?
× l'arrêt de bus le plus proche ?
× la'rä dö büß lö plü prɔsch?

× die nächste Straßenbahnhaltestelle?
× l'arrêt de tram le plus proche ?
× la'rä dö tram lö plü prɔsch?

Sind Sie frei?
Je peux monter ?
schö pö mõ'te?

Könnten Sie mir für ... Uhr ein Taxi bestellen?
Pourriez-vous m'appeler un taxi pour ... heures ?
purje'wu map'le ẽ ta'kßi pur ... ör?

Halten Sie hier bitte!
Arrêtez-vous ici, s'il vous plaît !
aräte'wu i'ßi, ßil wu plä!

Bitte × / **×, s'il vous plaît.** / ×, ßil wu plä.

× zum Bahnhof! / zum Flughafen!
× A la gare! / A l'aéroport!
× a la gar! / a laerɔ'pɔr!

× zum Hotel ...! / in die Innenstadt!
× A l'hôtel! / Au centre ville!
× a lo'täl! / o 'ßãtrö wil!

× in die ... Straße!
× Rue ...!
× rü ...!

Wie viele Minuten sind es zu Fuß?
C'est à combien de minutes à pied ?
ßät‿a kõ'bjẽ dö mi'nüt‿a pje?

Ist das die Straße nach ...?
C'est bien la route pour ... ?
ßä bjẽ la rut pur ...?

MOBIL IN DER CITY

Es ist nicht immer leicht, sich in fremden Ländern mit öffentlichen Verkehrsmitteln zurechtzufinden. Frag einfach jemanden:

➡ **Je ne sais pas combien coûte un ticket pour .... Pouvez-vous m'aider ?**

schö nö ßä pa kõ'bjẽ kut ẽ ti'kä pur ... puwe'wu mä'de?

Ich weiß nicht, wie viel das Ticket nach .... kostet. Können Sie mir helfen?

➡ **Y a-t-il des tickets pour la journée ?**

ja_til de ti'kä pur la schur'ne?

Gibt es Tageskarten?

Für Souvenir-Sammler: Ticket hier einkleben!

Quel bus / Quel métro / Quel tram va à .... ?
käl büß / käl me'tro / käl tram wa a ...?

Welcher Bus / Welche U-Bahn / Welche S-Bahn fährt nach ....?

Pouvez-vous me dire où je dois descendre / changer de métro/bus/tram ?
puwe'wu mö dir u schö doa de'ßãdrö / schã'sche dö me'tro / büß / tram?

Sagen Sie mir bitte, wo ich aussteigen / umsteigen muss?

Où est-ce que je peux recharger ma carte ?
u äß_kö schö pö röschar'sche ma kart?

Wo kann ich meine Karte aufladen?

Pouvez-vous me dire combien de zones ça fait jusqu'à l'arrêt .... ?
puwe'wu mö dir kõ'bjẽ dö son ßa fä schüß'ka la'rä ...?

Können Sie mir sagen, wie viele Zonen es bis zur Haltestelle .... sind?

Merci bien, bonne journée !
mär'ßi bjẽ, bɔn schur'ne!

Danke, schönen Tag noch!*

* Beim Aussteigen kannst du dich beim Busfahrer mit diesem netten Spruch bedanken – er freut sich bestimmt.

PARDON, darf ich mal vorbei?

Du stehst in der Warteschlange an der Kasse im Supermarkt, an der Bushaltestelle oder sonst wo. Teste doch mal, wie die Leute reagieren, wenn du dich vordrängelst oder ihnen das Taxi vor der Nase wegschnappst! Hauptsache, du hast eine gute Entschuldigung parat!

› Je suis très ♂ pressé / ♀ pressée – je peux me faire pardonner en vous offrant ce paquet de bonbons ?

sc͜hö ßüi trä ♂/♀ prä'ße – sc͜hö pö mö fär pardɔ'ne ã wus‿ɔf'rã ßö pa'kä dö bõ'bõ?

Ich hab's wirklich eilig – darf ich mich mit einer Tüte Bonbons bei Ihnen entschuldigen?*

› Excusez-moi, vous allez où ? On pourrait partager un taxi ?

äkßküse'moa, wus‿a'le u? õ pu'rä parta'sc͜he ẽ ta'kßi?

Entschuldigung, wo müssen Sie hin? Wollen wir uns ein Taxi teilen?

Vorher Bonbons kaufen – sonst wird's peinlich!

- ♂ Désolé / ♀ Désolée, mais je dois être absolument à la maison pour Noël !

♂/♀ deso'le, mä s͜chö doa 'äträ abßɔlü'mã a la mä'sõ pur nɔ'äl!

Sorry, aber ich muss Weihnachten wieder zuhause sein!

- Oh pardon, je ne savais pas que vous aussi vous étiez ♂ pressé / ♀ pressée !

o par'dõ, s͜chö nö ßa'wä pa kö wus‿o'ßi wus‿e'tje ♂/♀ prä'ße!

Oh mein Gott, ich wusste ja nicht, dass Sie's auch so eilig haben!

- Oh pardon – Je croyais que vous étiez juste entrain de prendre le soleil !

o par'dõ – s͜chö kroa'jä kö wus‿e'tje s͜chüßt ã‿trẽ dö 'prãdrö lö ßɔ'läj!

Oh – ich dachte, Sie genießen hier nur die Sonne!

- ♂ Désolé / ♀ Désolée, c'est ma première vie. Je m'entraîne encore.

♂/♀ deso'le, ßä ma prö'mjär wi. s͜chö mã'trän ã'kɔr.

Sorry, das ist mein erstes Leben. Ich übe noch.

› ♂ Désolé / ♀ Désolée, je dois partir. Mon bus est là.

♂/♀ deso'le, schö doa par'tir. Mõ büß ä la.

Sorry, ich muss weg. Mein Bus ist da.

› ♂ Désolé / ♀ Désolée, mais pour moi aussi, c'est pas tous les jours facile.

♂/♀ deso'le, mä pur moa o'ßi, ßä pa tu le schur fa'ßil.

Tut mir leid, aber ich hab's auch nicht immer leicht.

Welchen dieser schlauen Sprüche hast du ausprobiert? Wie war die Reaktion?

....

....

....

....

....

Attention,
ouverture des portes !
atã'ßjõ, uwär'tür de pɔrt!

Attention, le train ...
va entrer en gare !
atã'ßjõ, lö trẽ wa ã'tre ã gar!

Le train ...
à destination de ...
départ ... partira voie ... .
lö trẽ ...
a däßtina'ßjõ dö ...
de'par ... parti'ra woa ... .

Eloignez-vous de
la bordure du quai !
eloanje'wu
dö la bɔr'dür
dü kä!

Prochain arrêt, ...
prɔ'schẽn_a'rä, ...

Attention,
fermeture
des portes !
atã'ßjõ, färmö'tür
de pɔrt!

Madame, Monsieur,
votre attention,
s'il vous plait.
ma'dam, mö'ßjö.
wɔtr_atã'ßjõ, ßil wu plä.

Verstehst du Bahnhof?

Wenn du mit der Bahn oder U-Bahn unterwegs bist, achte doch mal auf die Durchsagen. Wie oft hörst du die folgenden Sätze? Errätst du, was sie bedeuten?

Meine Spur durch Stadt und Land

Sammle Kärtchen von coolen Shops,
Rechnungen deiner Lieblingsrestaurants
und andere „*Trophäen*“, steck sie hinten in
die Umschlagtasche oder kleb sie hier ein –
und freu dich später drüber:

Hilft beim Erinnern und Erzählen!

Einmal quer durch die City

Überraschende »» EINBLICKE ««

Lern die Stadt kennen – lass dich mit Bus, Tram oder U-Bahn einfach mal treiben und entdeck Viertel, in die du sonst vielleicht nie gekommen wärst. Mach an Knotenpunkten halt und steig in eine andere Richtung um. Halte fest, was du siehst!

Zeichne hier die Strecke nach
und trag die Namen deiner
Umsteige-Stationen ein!

Mach ein Selfie
bei jedem
Umsteigepunkt!

Wie schmeckt Frankreich?

Wir haben einen Tisch für ... Personen reserviert (auf den Namen ...).
Nous avons réservé une table pour ... personnes (au nom de ...).
nus‿a'wõ resär'we ün 'tablö pur ... pär'ßɔn (o nõ dö ...).

Die Karte bitte.
La carte, s'il vous plaît.
la 'kart, ßil wu plä.

Was empfehlen Sie mir?
Que me recommandez-vous ?
kö mö rökɔmãde'wu?

Was ist heute das Tagesgericht?
Quel est le plat du jour ?
käl ä lö pla dü schur?

Haben Sie vegetarische Gerichte?
Avez-vous des plats végétariens ?
awe'wu de pla wescheta'rjẽ?

Könnte ich ... statt ... haben?
Est-ce que je pourrais avoir ... au lieu de ... ?
äß‿kö schö pu'rä a'woar ... o ljö dö ...?

Ist dieser × noch frei?
Est-ce que cette × est libre ?
äß‿kö ßät × ä 'librö?

× Tisch / **× table** / × 'tablö
× Platz / **× place** / × plaß

Basics – Wie schmeckt Frankreich?

Die Rechnung bitte!
L'addition, s'il vous plaît !
ladi'ßjõ, ßil wu plä!

Was sind die Spezialitäten aus dieser Region?
Quelles sont les spécialités de la région ?
käl ßõ le ßpeßjali'te dö la re'schjõ?

Für mich bitte ohne ...
Pour moi sans ..., s'il vous plaît.
pur moa ßã ..., ßil wu plä.

Wo gibt es hier in der Nähe ×
Où y a-t-il ici ×
u ja_til i'ßi ×

× ein Café? / **× un café ?** / × ẽ ka'fe?

× eine Kneipe? / **× un bar ?** / × ẽ bar?

× ein Restaurant mit lokaler Küche?
× un restaurant typique ?
× ẽ räßto'rã ti'pik?

× einen Schnellimbiss?
× un fast food ?
× ẽ faßt'fud?

Einen Tisch für ... Personen bitte.
Une table pour ... personnes, s'il vous plaît.
ün 'tablö pur ... pär'ßɔn, ßil wu plä.

Ich möchte ×
Je voudrais × schö wu'drä ×

× ein Glas Rotwein. / Weißwein.
× un verre de vin rouge. / vin blanc.
× ẽ wär dö wẽ rusch. / wẽ blã.

× eine Flasche Mineralwasser.
× une bouteille d'eau minérale.
× ün bu'täj do mine'ral.

× ein Bier. / **× une bière.**
× ün bjär.

Wir möchten getrennt bezahlen.
On va payer séparément.
õ wa pä'je ßepare'mã.

Bitte alles zusammen.
Une seule addition, s'il vous plaît.
ün ßöl adi'ßjõ, ßil wu plä.

Lebensart auf Französisch

Savoir-vivre à la française

Die superleckere französische Küche ist legendär. Probier doch mal eine tolle Thunfisch-Creme, die du leicht und schnell selbst zaubern kannst!

Das brauchst du für zwei Portionen:

- 200 g Thunfisch aus der Dose
- 200 g Joghurt (vollfett)
- 1 gehäufter Esslöffel Dijon-Senf
- 1 Esslöffel kleine Kapern
- ½ Zwiebel, klein gewürfelt
- Salz, Pfeffer, etwas Blattsalat oder Chicoree zum Anrichten

Etape 1

Schritt 1

Probier's doch mal aus, wenn du eine Kochgelegenheit hast – geht ganz einfach!

200g de thon en boîte
dö'ßã gram dö tõ ã boat

200g de yaourt (lait entier)
dö'ßã gram dö ja'ur (lä ã'tje)

1 cuillère à soupe bien remplie de moutarde de dijon
ün küi'jär a ßup bjẽ
rã'pli dö mu'tard dö di'schõ

1 cuillère à soupe de câpres
ün küi'jär a ßup dö 'kaprö

½ oignon, hâché finement
ẽ dö'mi ɔ'njõ, a'sche fin'mã

sel, poivre, quelques feuilles de laitue ou d'endives pour décorer
ßäl, 'poawrö, käl'kö föj dö
lä'tü u dã'diw pur dekɔ're

Dann nehme ich ein Pfund davon.
Vous m'en donnerez 500g.
wu mẽ dɔn're ßẽnk'ßã gram.

Ist das Bio-Salat?
C'est une salade bio ?
ßät_ün ßa'lad bi'o?

Haben Sie auch eingelegte Kapern?
Vous avez aussi des câpres au sel ?
wus_a'we o'ßi de 'kaprö o ßäl?

Etape 2

Schritt 2

Besuch den örtlichen Markt
- immer ein Erlebnis! -
und kauf ein, was du brauchst.

Was kostet ein Kilo Zwiebeln?

Combien coûte un kilo d'oignons ?

kõ'bjẽ kut ẽ ki'lo dɔ'njõ?

Bon appétit

Bien égoutter le thon et l'écraser avec une fourchette. Mélanger le yaourt aux autres ingrédients, y ajouter ensuite le thon. Servir sur des feuilles de salade dans des petites assiettes. Le tout accompagné de baguette et vin blanc.

Schritt 3

Etape 3

Den Thunfisch gut abtropfen lassen und mit einer Gabel etwas zerdrücken. Joghurt mit den restlichen Zutaten verrühren und den Thunfisch unterheben. Auf kleinen Tellern mit Salatblättern anrichten. Dazu Baguette und Weißwein.

… und kleb hier ein Foto von
der Thunfisch-Creme ein!

Kleiner Spicker
gefällig?

Alles eingekauft?
Dann leg mal los!

Gaumen

Kulinarische Entdeckungen: Such dir ein Lokal mit landestypischer Küche. Bestell von der Speisekarte, was dich am meisten anmacht – und das, was du lieber lassen würdest.

kitzel

Die Karte bitte.

La carte, s'il vous plaît.

la kart, ßil wu plä.

Ich bin mutig und probier mal dieses Gericht hier.

Je vais être ♂ courageux / ♀ courageuse et essayer ce plat-là.

schö wäs_'ätrö ♂ kura'schö / ♀ kura'schös e äßä'je ßö pla'la.

Ich möchte ...

J'aimerais ...

schäm'rä ...

Notier deine Eindrücke:

Wenn der Kellner dich fragt, wie's geschmeckt hat – hier einige Vorschläge:

Göttlich! // **Divin!** // di'wẽ!

Unglaublich! // **Incroyable!** // ẽkroa'jablö!

Sehr lecker. Komplimente an den Koch! //
Délicieux. Mes compliments au chef! // deli'ßjö. me kõpli'mã o schäf!

Die Hauptspeise war ausgezeichnet! //
Le plat principal était excellent! // lö pla prẽßi'pal e'tät_äkßä'lã!

Ein echtes Geschmackserlebnis! //
Une véritable explosion sensorielle! //
ün veri'tabl_äkßplo'sjõ ßãßɔ'rjäl!

Gewöhnungsbedürftig! // **J'ai encore besoin de m'habituer!** //
schä ã'kɔr bö'soẽ dö mabi'tüe!

Ziemlich scharf! // **Plutôt épicé!** // plü'to epi'ße!

Macht richtig durstig! // **Ça donne soif!** // ßa dɔn ßoaf!

Wirklich interessant! // **Vraiment intéressant!** // wrä'mã ẽnterä'ßã!

Leider nicht ganz mein Fall! // **Malheureusement pas trop à mon goût!** // malörös'mã pa tro a mõ gu!

Können Sie mir einen Espresso bringen? //
Je pourrais avoir un expresso, s'il vous plaît? //
schö pu'rä a'woar ẽn_äksprä'ßo, ßil wu plä?

Können Sie uns einen Rabatt geben? Wir haben mehr als eine Stunde gewartet ... // **Vous pouvez nous faire un prix? Nous avons attendu plus d'une heure ...** //
wu pu'we nu fär ẽ pri? nus_a'wõ atã'dü plü dün_ör ...

Zum Ablösen
des Etiketts die Flasche in
warmem Wasser mit etwas Spülmittel
einweichen. Wenn es nicht von alleine
abgeht, eine Ecke mit einem Messer
anheben und langsam abziehen. Zum
Trocknen in Küchenrolle packen und
zwischen Büchern pressen.

Weinreise

Besonders tollen Wein getrunken?
Kleb von den besten Flaschen
das Etikett hier ein oder mal es ab!

Was verrät es über die Geschmacksrichtung?
Versuch mal, ob dir die jeweilige Beschreibung
in der Landessprache gelingt:

Wein-Vokabular

damit kommst du durch:

sec // ßäk // trocken

demi-sec // dömi'säk // halbtrocken

doux // du // süß

moelleux // moa'lö // lieblich

vin liquoreux
wẽ likɔ'rö // Dessertwein (in etwa der deutsche Eiswein)

vin rouge
wẽ rusch // Rotwein

vin rosé
wẽ ro'se // Roséwein

vin blanc
wẽ blã // Weißwein

champagne
schã'panj // Champagner

Wenn du Eindruck machen willst – vielleicht bei einer Weinprobe / Dégustation:

harmonieux
armo'njö // harmonisch

agréable en bouche agre'ablö ã busch // süffig

puissant
püi'ßã // kräftig

pétillant
peti'jã // prickelnd

parfumé
parfü'me // duftend

mûr
mür // gereift

vieilli en fût de chêne
wjä'ji ã fü dö schän // in Barrique-Fässern gereift

Was Franzosen gerne trinken – ein paar Beispiele

Chablis
scha'bli
Weißwein aus Burgund

Côtes de Provence
kot dö pro'wãß
Roséwein aus der Provence

Vin de table
wẽ dö 'tablö
Einfacher, leichter Hauswein (meist in Glaskaraffen serviert)

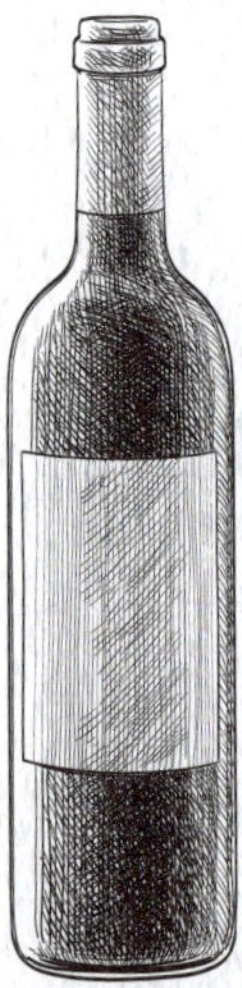

Côtes du Rhône
kot dü ron
Rotwein aus dem Rhonetal (trockener Wein mit hoher Fruchtsüße)

Bordeaux
bɔr'do
Rotwein aus Bordeaux (trockener Wein, langlebig, 80 % Rotwein, 20 % Weißwein)

Vin d'Alsace
wẽ dal'saß
Trockener Weißwein aus dem Elsaß

Meine wunderbare Zucker-Route

Den Tag versüßen
und Reisestationen
per Zuckertütchen
nachverfolgen:
Kleb hier die leeren
Tüten aus Café und
Restaurant ein
und schreib dazu,
woher sie stammen.

Zuckertütchen

Zuckertütchen

Zuckertütchen

Zuckerstick

Zuckerstick

Füllwort-Bingo

★★★

ah oui ? / ah ouais ?	baaaah	bah oui
bon	eh bien	en fait
euh	trop	tu vois ?

Schriftlich verzichtet man besser drauf, aber gesprochen sind Füllwörter in jeder Sprache das Salz in der Suppe.

Geh in ein belebtes Café und hör den Leuten in deiner Nähe zu. Mach im entsprechenden Bingo-Feld einen Strich bei jedem Füllwort, das du hörst. „Bingo!“ rufst du, wenn du alle Reihen gefüllt hast. Gönn dir zur Belohnung die Kuchenspezialität des Hauses!

Auswertung:

Kommt dir schon zu den Ohren raus:

Fast genauso oft gehört:

Auch nicht zu vernachlässigen:

Und so bestellst du die Kuchenspezialität des Hauses:

Was ist die Kuchenspezialität Ihres Hauses? Davon hätte ich gern ein Stück.

Quelle est la spécialité de la maison en pâtisserie ? Je vais la goûter.

käl‿ä la ßpeßjali'te dö la mä'sõ ã patiß'ri? schö wä la gu'te.

Finde zu jedem Füllwort einen Beispielsatz!

ah oui ? / ah ouais ? // A_ui?/a_uä? // **Ach ja? Ach echt?**

>>> Ah ouais ist im vergleich zu ah oui umgangssprachlich

---

baaaah // ba // **hm** >>> zeichen des Nachdenkens

---

bah oui // ba_ui // **na klar** >>> zu Beginn einer Antwort, als Bekräftigung, eindeutige Bejahung

---

bon // bõ // **also, ja, okay**

---

eh bien // e bjẽ // **nun** >>> Am Satzanfang, um die Antwort etwas hinauszuzögern

---

en fait // ã fät // **eigentlich**

---

euh // ö // **hm** >>> Wenn man darüber nachdenkt, was man als Nächstes sagen will

---

trop // tro // **zu** >>> Wird v.a. von jungen Leuten inflationär verwende um etwas zu betonen. Es steht meist vor einem Adjektiv oder Adverb u z.B. c'est trop bien (so gut) / trop cool (so cool) / trop triste (so traurig)

, tu vois ? // , tü woa? // **, weißt du?** >>> Am Satzende

Platz für Merk-Würdiges

Was ist dir aufgefallen beim Füllwort-Lauschangriff?

Kaufrausch

Ich suche ...
Je cherche ...
schö 'schärschö ...

Ich habe Größe ...
Je porte du ...
schö 'pɔrtö dü ...

Wie viel kostet das?
Ça coûte combien ?
ßa kut kõ'bjẽ?

Kann ich mit Kreditkarte zahlen?
Je peux payer par carte ?
schö pö pä'je par kart?

Wo bekomme ich ...?
Où est-ce que je peux acheter ... ?
u äß_kö schö pö asch'te ...?

Ich hätte gerne ...
Je voudrais ...
schö wu'drä ...

Haben Sie das auch in einer anderen Farbe?
Est-ce que vous l'avez aussi dans une autre couleur ?
äß_kö wu la'we o'ßi dãs_ün_'otrö ku'lör?

Haben Sie das auch in Größe ...?
Est-ce que vous l'avez aussi en ... ?
äß_kö wu la'we o'ßi ã ...?

Kann ich das anprobieren?
Je peux l'essayer ?
schö pö leßä'je?

Das passt mir nicht.
Cela ne me va pas.
ßö'la nö mö wa pa.

Basics – Kaufrausch

Ich möchte ×
Je voudrais × schö wu'drä ... ×

× ein hübsches Andenken.
× un joli souvenir.
× ẽ schɔ'li ßuw'nir.

× ein Geschenk.
× un cadeau. × ẽ ka'do.

Ist das Handarbeit?
Est-ce que c'est fait main ?
äß_kö ßä fä mẽ?

Kann ich probieren?
Je peux goûter ?
schö pö gu'te?

Danke, das ist alles.
Merci, ce sera tout.
mär'ßi, ßö ßö'ra tu.

Bitte geben Sie mir ×.
Donnez-moi ×, s'il vous plaît.
dɔne'moa ×, ßil wu plä.

× 100 Gramm ... **× cent grammes de ...**
× ßã gram dö ...

× 1/2 halben Liter ... **× un demi-litre de ...**
× ẽ dö'mi 'litrö dö ...

× 4 Scheiben ... **× quatre tranches de ...**
× 'katrö trãsch dö ...

× 1 Stück ... **× un morceau de ...**
× ẽ mɔr'ßo dö ...

Danke, ich sehe mich nur um.
Merci, je regarde seulement.
mär'ßi, schö rö'gardö ßöl'mã.

Das gefällt mir nicht so gut.
Cela ne me plaît pas tellement.
ßö'la nö mö plä pa täl'mã.

Andere Länder, andere Münzen

Bist du sicher, dass die Münze aus deinem Reiseland stammt? Was ist drauf abgebildet? Notfalls mal googeln!

In jedem Land sehen die Münzen anders aus, selbst in der Eurozone. Paus hier ins Buch, was dir in die Finger kommt:

Was ist Ihr Preis, wenn ich zwei davon nehme?
Vous me faites un prix si j'en prends deux ?
wu mö fät ẽ pri ßi schã prã dö?

Was ist das denn eigentlich?
C'est quoi ça au juste ?
ßä koa ßa o schüßt?

Was kann man damit machen?
Qu'est-ce qu'on peut faire avec ?
käß_kõ pö fär a'wäk?

Geht's ein bisschen billiger?

Auf dem Markt kann sich Feilschen lohnen, auf dem Flohmarkt gehört es unbedingt dazu. Ein Versuch kostet nix!

Also, den ganzen Stand wollte ich ja nicht kaufen ...

Bon, par contre, je comptais pas acheter tout le stand ...

Bõ, par 'kõtrö, schö kõ'tã pa asch'te tu lö ßtãd ...

Ich würd ja lieber bei Ihnen kaufen, aber woanders hab ich das günstiger gesehen!

Honnêtement, je préfèrerais acheter chez vous, mais j'ai vu moins cher ailleurs !

ɔnät'mã, schö prefärö'rä asch'te sche wu, mä schä wü moẽ schär a'jör!

Einverstanden, wenn wir das abrunden?

Ça vous va si on arrondit ?

ßa wu wa ßi õn_arõ'di?

So viel Geld hab ich gar nicht dabei. Was ist denn Ihr letztes Angebot?

J'ai pas autant d'argent sur moi. C'est quoi votre dernière offre ?

schä pa o'tã dar'schã ßür moa. ßä koa 'wɔtrö där'njär_'ɔfrö?

Du bist mir ja wirklich sympathisch, aber so viel Geld für dieses Teil hier geb' ich dir nicht.

Je vous trouve vraiment très sympa, mais je suis pas ♂ prêt / ♀ prête à dépenser autant pour ça.

schö wu truw wrä'mã trä ßẽ'pa, mä schö ßüi pa ♂ prä / ♀ prät a depã'ße o'tã pur ßa.

Zeichne, was du gekauft hast.

Wieviel hast du runtergehandelt?

Catwalk vor Ort

Setz dich ins Straßencafé auf der Flaniermeile oder am Prachtboulevard – und schau, was in Sachen Mode momentan angesagt ist! Kannst du hier notieren oder es den Models anzeichnen.
Achte auf Details: Farben, Rocklängen, Absatzhöhen, Accessoires ...

Lust auf Luxus?

Und dann halt die Augen offen:
Findest du ein vergleichbares Stück
auf dem (Floh-)Markt / im Kaufhaus /
im Secondhandladen?

Misch dich unter die Reichen und Schönen und mach einen Schaufensterbummel in der Edel-Shoppingmeile!

Schreib auf:

Was gefällt dir?

....

....

Was kostet es?

....

....

Was wärst du bereit zu zahlen?

....

....

Autsch!

Manchmal gibt es Souvenirs, die sind einfach eine Beleidigung fürs Auge. Welche gefunden? Hier festhalten – beschreiben, zeichnen oder Foto machen!

Auf die Nase – fertig – los!

Geh in eine Parfümerie und teste die verschiedenen Düfte in den Probeflakons. Welchen Duft magst du am liebsten?

Welcher würde dir an deinem Partner/deiner Partnerin gefallen? Welcher Duft passt zu deinem Reiseziel?

Mein Lieblingsduft:

Beschreibung:

Duft für meinen Partner/meine Partnerin:

Beschreibung:

Duft der Stadt:

Beschreibung:

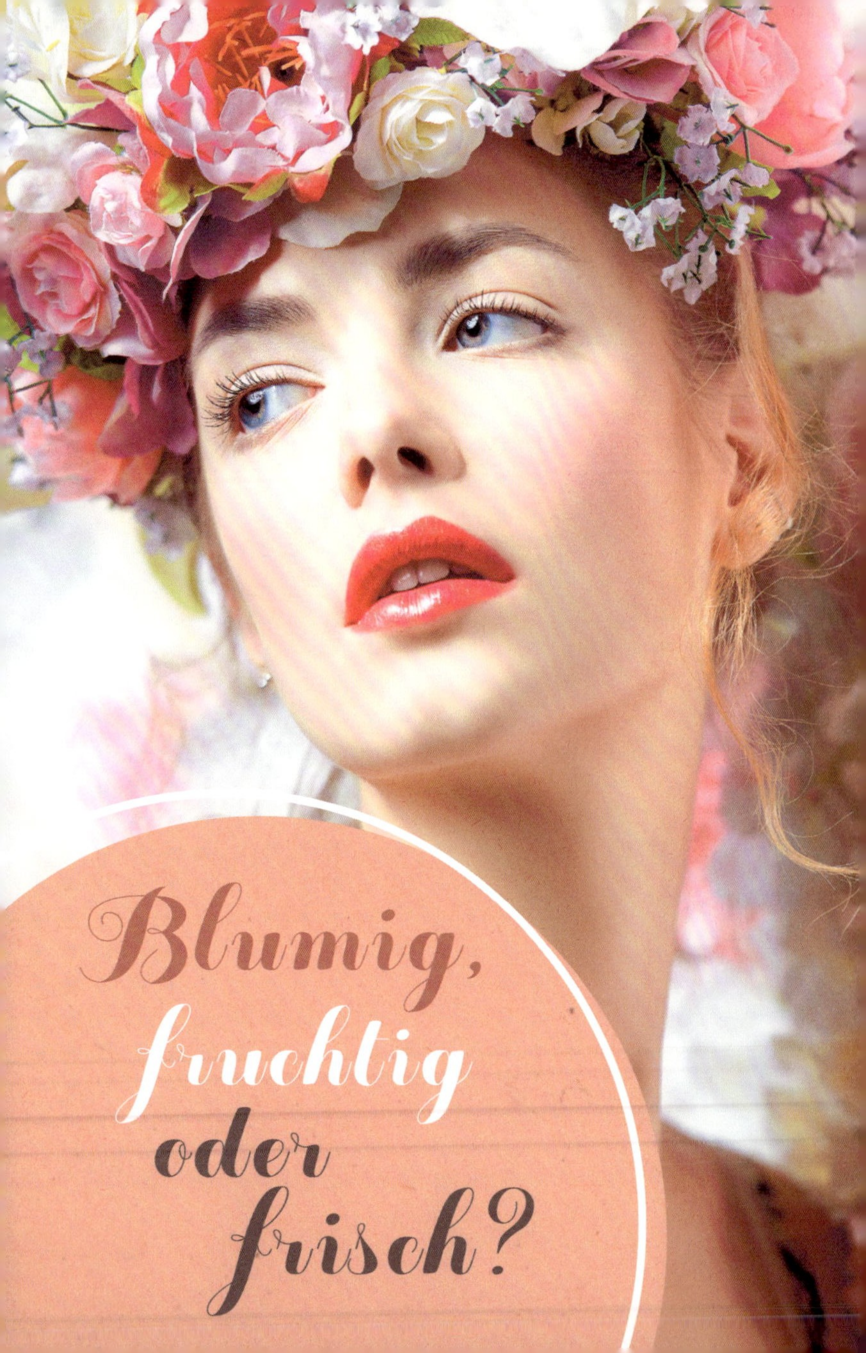

Blumig, fruchtig oder frisch?

boisé
boa'se
holzig

fleuri
flö'ri
blumig

cuir
küir
ledrig

épicé
epi'ße
herb

suave
ßü'aw
lieblich

animal
ani'mal
animalisch

fruité
früi'te
fruchtig

séducteur
ßedük'tör
verführerisch

élégant
ele'gã
elegant

oriental
ɔrjã'tal
orientalisch

intrigant
ẽtri'gã
geheimnisvoll

frais-petillant
frä_peti'jã
spritzig-frisch

Abenteuer Alltag

Was kann man hier abends unternehmen?
Où est-ce qu'on peut sortir le soir par ici ?
u äß‿kõ pö ßɔr'tir lö ßoar par i'ßi?

Gibt es hier eine ×
Est-ce qu'il y a × par ici ?
äß‿kil‿ja × par i'ßi?

× nette Kneipe? / Disco?
× un bar sympa / une boîte de nuit
× ẽ bar ßẽ'pa / ün boat dö nüi

Was kostet ein Brief nach ...?
Combien coûte une lettre pour ... ?
kõ'bjẽ kut ün 'lätrö pur ...?

Was kostet eine Karte nach ...?
Combien coûte une carte pour ... ?
kõ'bjẽ kut ün kart pur ...?

Wann ist ... geöffnet?
Quelles sont les heures d'ouverture de ... ?
käl ßõ les‿ör duwär'tür dö ...?

Welche Veranstaltungen finden × Woche statt?
Il y a des événements particuliers ×
il‿ja des‿ewän'mã partikül'je ×

× diese / nächste
× cette semaine ? / la semaine prochaine ?
× ßät ßö'män? / la ßö'män prɔ'schän?

Entschuldigen Sie bitte, wo ist hier ×
Pardon, pourriez-vous m'indiquer × dans le coin ?
par'dõ, purje'wu mẽdi'ke × dã lö koẽ?

× eine Bank? / ein Geldautomat?
× une banque / un distributeur automatique
× ün bãk / ẽ dißtribü'tör otoma'tik

Bitte eine Karte für ×
Un ticket pour ×, s'il vous plaît.
ẽ ti'kä pur ×, ßil wu plä.

× heute. / heute Abend. / morgen.
× aujourd'hui / ce soir / demain
× oschur'düi / ßö ßoar / dö'mẽ

× die Vorstellung um ... Uhr.
× la séance de ... heures
× la ße'ãß dö ... ör

× den Film um ... Uhr.
× le film de ... heures
× lö film dö ... ör

Wo ist das nächste Postamt / der nächste Briefkasten?
Où est la poste / boîte aux lettres la plus proche ?
u ä la pɔßt / boat‿o 'lätrö la plü prɔsch?

Wie viel kostet eine Karte?
Combien coûte un ticket ?
kõ'bjẽ kut ẽ ti'kä?

Wann beginnt ×
A quelle heure commence ×
a käl‿ör kɔ'mãß ×

× die Vorstellung? / das Konzert? / der Film?
× la représentation ? / le concert ? / le film ?
× la röpresãta'ßjõ? / lö kõ'ßär? / lö film?

Spaziergang im Grünen

Wald & Wiesen-Potpourri

Spannend, was hier wächst?
Sammle Blümchen, Gräser, Blätter beim Spaziergang im Grünen. Hier ist Platz zum Pressen und Einkleben.

Bestimmt gelingt es dir, einige mittels Internet-Recherche zu bestimmen!

Auf den Hund gekommen?

Beim Parkspaziergang Mensch mit Hund getroffen? Ob du selbst einen Hund hast oder nicht: eine super Gelegenheit, mit Einheimischen ins Gespräch zu kommen!

Oh, das ist aber ein schöner Hund!

Oh, quel beau chien !

o, käl bo schjẽ!

Wie heißt er?

Il s'appelle comment ?

il ßa'päl kɔ'mã?

Ist das ein
Er oder eine Sie?

C'est un mâle ou une femelle ?

ßät_ẽ mal u ün fö'mäl?

Was für eine Rasse ist das?

C'est quelle race ?

ßä käl raß?

Darf ich ihn
fotografieren?

Je peux le prendre en photo ?

schö pö lö 'prãdr_ã fɔ'to?

Ich habe auch einen Hund,
und zwar einen ...

Moi aussi j'ai un chien, un ...

moa o'ßi schä ẽ schjẽ, ẽ ...

Darf ich ihm
ein Leckerli geben?

Je peux lui donner une petite gâterie ?

schö pö lüi dɔ'ne ün pö'tit ga'trie?

Wie alt ist er?

Il a quel âge ?

il a käl_asch?

Platz für deinen
neuen Hundefreund

Hunde-Interview mit …

Rasse ……………………………………

Name ……………………………………

Kurzportrait Hund ……………………………………

……………………………………

……………………………………

……………………………………

Kurzportrait Herrchen/Frauchen ……………………………………

……………………………………

……………………………………

……………………………………

Das Hunde 1x1

Hundewortschatz zum Merken

Dackel // le teckel // lö te'käl

Dogge // le dogue // lö dɔg

Mischling // le bâtard // lö ba'tar

Mops // le carlin // lö kar'lẽ

Pudel // le caniche // lö ka'nisch

Schnauzer // le schnauzer // lö schno'sär

Terrier // le fox-terrier // lö fɔkstä'rje

Schäferhund // le berger allemand // lö bär's‿che al'mã

Windhund
le lévrier
lö lewri'je

Dalmatiner
le dalmatien
lö dalma'ßjẽ

Fell
le poil
lö poal

Leine
la laisse
la läß

Schnauze
le museau
lö mü'so

Gebiss
la dentition
la dãti'ßjõ

Ohren
les oreilles
les‿o'räj

Schwanz
la queue
la kö

Halsband
le collier
lö kɔ'lje

Pfote
la patte
la pat

Straßenzeichen

Haben die Straßennamen eine Bedeutung? Bei Personennamen: Einfach mal googeln, wer das war!

STRASSENSCHILDER KÖNNEN TOLL AUSSEHEN – ZEICHNE DIE AB, DIE DIR BESONDERS GUT GEFALLEN.

Touri oder Local?

Erkennt man Touristen schon von Weitem? Besuch eine typische Touri-Location und versuch herauszufinden, wer von hier stammt und wer nicht. Leg eine Statistik mit Strichlisten an. Und zuvor machst du deine Entscheidungskriterien klar:

Typische Merkmale Touri:

Typische Merkmale Einheimischer:

Name der Location	Tourist	Einheimischer

Super-Touri

★
Für Einsteiger:
Zeichne dein
Vorzeige-Exemplar.

★★
Für mittlere Helden:
Frag ihn, ob du ein
Foto von ihm machen
darfst.

★★★
Für Gipfelstürmer:
Frag ihn, ob du
ein Selfie mit ihm
machen darfst.

entdeckt?

Welche Aufgabe
hast du gemacht?
Trag hier deine
Mut-Sterne ein!

Glücksspiel

Was steht heute auf dem Programm? Lass den Zufall entscheiden. Wähle jeweils einen Roulette-Jeton und ein Feld im einarmigen Banditen aus. Schau nach, was sich hinter den Zahlen verbirgt – und los geht's!

Du wirst auf dem Kirchplatz Tango tanzen.

2 Das Lied „Aux Champs-Élysées" auf Französisch singen
3 Seifenblasen pusten
4 jemandem eine Blume schenken
5 Picknick machen
6 Interview mit Unbekannt: „Was kann man hier abends unternehmen?" –> Übersetzung S. 112

B auf dem höchsten Punkt/Turm der Stadt
C auf dem Markt
D in der Fußgängerzone
E im Stadtpark
F im Schwimmbad

Lernen von den

Kids

Hör mal bewusst kleinen Kindern zu – im Park, in U-Bahn oder Bus, im Café: Kinder sprechen langsamer, und ihre einfachen Sätze sind meist leichter zu verstehen. Notier dir häufig wiederkehrende Wörter und finde raus, was sie bedeuten.

Kulturell

Kino, Theater, Konzert oder Museum besucht? Kleb hier die Tickets ein – und schreib deine persönliche „Kulturkritik“ dazu!

unterwegs

Stadt, Land, Fluss

Hast du den geographischen Überblick?

Dann gelingt es dir bestimmt, auf der Karte die wichtigsten Städte und Flüsse einzutragen. Kannst ja mal den einheimischen (Tisch-)Nachbarn um Hilfe bitten! Zeichne dann deine Reiseroute ein.

- Stadt
- Burg
- Berg, Gebirge
- Fluss

Manche
Corse
Mer Méditerranée

Post von Unbekannt

Kauf eine lustige Postkarte, setz deine eigene Adresse drauf oder die von Freunden – und dann such dir im Café oder sonst wo ein geeignetes Opfer aus!

Darf ich Sie um einen Gefallen bitten?

Excusez-moi, je peux vous demander un petit service ?

äkßküse'moa, schö pö wu dömã'de ẽ pö'ti ßär'wiß?

Können Sie bitte auf Französisch einen netten Gruß auf diese Karte schreiben?

Pourriez-vous écrire un petit mot gentil en français sur cette carte ?

purje'wu e'krir ẽ pö'ti mo schã'ti ã frã'ßä ßür ßät kart?

Du hast die Postkarte an dich selbst geschickt?
Dann hier einkleben!

Festgehalten

Mon mot de la journée

Mein Wort des Tages

Lieblingswort	wann gehört	in welcher Situation

doofstes oder schwierigstes Wort	wann gehört	in welcher Situation

Mach dir deine persönliche Vokabel-Hitparade! Und notier dir, wann und in welcher Situation du das Wort gehört hast.

Auf den Punkt gebracht

Wie war deine Reise? Nicht lange nachdenken – sag es aus dem Bauch raus mit einem Wort:

Das war der Hammer!
Auf meiner Reise war dies ...

... das Schönste: ______________________________

____

____

... das Lustigste: ______________________________

____

____

... das Interessanteste: ______________________________

____

____

... das Aufregendste: ______________________________

____

____

... das Peinlichste: ______________________________

____

____

Meine Reisekontakte

Adressen deiner neuen Freunde notieren – und am besten gleich ein Foto dazukleben!